« ... »

Je suis un chagrin,
Qui inonde le matin...
Je suis un sanglot,
Qui coule bien trop tôt.
Je suis une larme,
Qui jaillit comme un drame...

Mais un temps viendra,
Qui tout autre sera...
Un temps diffèrent,
Plus aimant et pertinent.
Un temps où tu seras,
Et où tout recommencera

J'attends ces moments de paix,
Où déjà je te reconnais...
J'attends ces instants
Que je sais hors du temps
J'attends les jours,
Emplis de ton amour...

« ... »

J'ai arpenté les chemins de douleurs,
Ceux qui m'éloignaient de ton cœur.
Toutes ces routes du futile,
Qui ne mènent qu'à l'inutile...

J'ai choisi les routes du superficiel,
Celles de sentiers artificiels...
J'ai volé tant de paradis,
Qui n'avaient je sais, aucun prix.

J'ai cru ouvrir tant de coffres d'or !
Qui ne valaient, aucun de tes trésors.
Travail, argent sont des erreurs,
Amour, partage sont des valeurs

Parce que la poésie se partage, parce qu'elle unis et réunis, je publie ces poèmes sans titre.

Chacun ressent les mots à sa façon, on peut relire un poème trois fois et selon la période de sa vie l'interpréter différemment…

Si les mots procurent l'ivresse, à quoi bon leur donner un carcan…Je souhaite les laisser libres.

Et que vos émotions, votre âme et votre cœur mettent un titre pour chacun d'eux…plusieurs peux être…

© 2023 John Mikael Wine
Édition : BoD – Books on Demand, info@bod.fr
Impression : BoD – Books on Demand, In de Tarpen 42, Norderstedt (Allemagne)
Impression à la demande
ISBN : 978-2-3225-0146-5
Dépôt légal : Novembre 2023

« ... »

J'ai effleuré ta séduction,
En t'offrant ma tentation...
Et j'ai clos doucement les yeux,
Pour retenir tout ton merveilleux

Un rêve des plus délicieux,
Celui de ton charme langoureux.
Comment ne pas succomber,
Aux frissons de pouvoir t'aimer...

Puis je me suis éveillé,
Et tu étais ma réalité...
Plus besoin de rêver,
Tu étais à mes côtés...

«... »

Je veux retrouver le temps,
Où l'amour était présent.
Je veux retrouver ce temps
Ou toi seule comptait vraiment

Mais je n'y crois plus pourtant,
Le futur est devenu instant
Et les demains ont tous sombrés
Pour ne plus jamais exister...

J'ai vu les jours s'estomper
J'ai sentis les nuits s'effacer...
J'avais perdu le goût
Et la saveur des avants goûts

Le soleil était éteint,
Dès qu'arrivait le matin
Et la lune restait voilée,
Sans teint, presque masquée

J'ai pleuré nos ardeurs oubliées
En imaginant ces joies retrouvées,
Je ne pouvais oublier ton parfum,
Qui réveillait tous mes matins.

Je suis devenu un mendiant,
Pour quêter d'autres instants
Puis j'ai fermé la porte de mon cœur,
Pour en conserver toute ta douceur

J'ai gravé le merveilleux souvenir
De chacun de tes sourires...
Et j'ai repris la route pavée
Que toi, tu avais quitté

«... »

Je suis tout que j'ai fui
Et je fuis tout ce que je suis
Mais je crois à ce que j'ai été,
Et j'espère bien recommencer...

Être, est une sensation,
Devenir une tentation...
Être, pour ne plus disparaître,
Croire en soi, pour réapparaître...

Transformer un tour de magie,
Avec les cartes de la vraie vie.
Et donner à la réalité,
Sa couleur de vérité...

« ... »

J'ai regardé le visage de la folie,
Il ressemblait un peu à ma vie.
Un curieux mélange d'excès,
Et de tout ce qui m'excitait...

Toujours plus d'interdits,
Pour me persuader d'être en vie,
Côtoyer les limites et ses dangers,
Pour être sûr de vraiment exister...

J'ai goûté à tout ce qui se fumait,
Pour juste voir ce que ça ferait.
J'ai goûté à l'alcool et à l'ivresse,
Et aux boissons les plus diverses

J'ai côtoyé la violence,
Et le noir de l'existence,
Les quelques coups de pieds,
Qu'on reçoit ou qu'on peut donner..

J'ai vécu un genou à terre,
Pour tromper ma propre misère
J'ai vu tant d'amis disparaître,
Pour ne plus réapparaître...

J'ai aimé le frisson de la moto,
L'odeur du bitume et les chronos...
J'ai adoré la sentir vibrer,
Quittes à ne plus la contrôler

J'ai appris l'amour et sa douceur,
La sensualité de son bonheur...
J'ai crié sous des baisers,
Ceux que je ne pouvais plus contrôler....

Puis la vie a passé,
J'ai appris à me calmer
A ne plus hurler,
Mais à juste avancer

J'ai appris à supporter mon cœur rafistolé,
Et tout ce qu'on lui avait implanté
J"ai appris l'extrême de l'épilepsie,
Et sa brutalité presque infinie...

Puis, les médicaments sont arrivés,
Comme des loups égarés
La maladie m'a changé
Elle m'a dressé et apprivoisé

Mais qu'étais-je devenu,
Un simple survivant du disparu.
Je veux pourtant encore courir,
Avant de vieillir et mourir

«... »

L'horizon de ma rédemption,
Doit croiser le ciel de ta passion,
Fusionner avec tes émotions
Pour se colorer de sensations...

Je veux pouvoir encore vibrer,
Et rêver au frisson de t'aimer...
Je veux nourrir de ta magie,
La famine de toute ma vie.

Que serais mon avenir,
Sans espérer ton sourire...
Que serais ma guérison,
Sans penser à ta tentation

«...»

Si on ne peut m'aimer pour ce que je suis,
Si je dois devenir tout ce que je fuis...
Si ma vie n'est plus qu'un compromis,
Alors je crois bien que tout est fini.

On espère recoller les morceaux,
Rassembler l'amour à nouveau,
Mais en fait je crois qu'on se détruit,
Et que se souvenir nous démoli...

Quand le moment vient de dire non,
Qu'il n'est plus temps de crier ton nom,
Le choix devrait être évident,
Et rompre, un geste intelligent.

Je ne veux plus avec toi vieillir,
Je ne veux plus avec toi souffrir
Je ne veux plus croire et espérer,
Je veux me séparer et t'effacer...

Et pourtant au fond de moi,
Reste un bout d'amour pour toi,
Et ces décennies de toi et moi,
Doivent juste, cesser pour moi...

Les braises sont un feu éteint,
Consumées un beau matin,
Qui doivent cesser de brûler,
Et qu'on ne doit plus rallumer...

«...»

Cette femme qui me fait rêver
Est celle que je veux aimer,
Cette femme tellement tout,
Est celle dont je suis fou...

Elle est plus belle que l'océan,
Plus douce que le souffle du vent
Plus colorée que l'arc en ciel,
Et sa chaleur m'est essentielle.

Je regarde passer le temps,
Et mon rêve est évident....
Je souffle sur mon destin,
Et l'espère entre ses mains

Cette femme que je désire,
Sera mon dernier soupir...

« ... »

Soudain, le ciel s'est obscurcit,
Et toute la lumière aussi a faibli.
L'homme était alors perdu,
Et marchait vers l'inconnu...

Il arpentait un chemin
Qu'on appelait le chagrin
Et il ne comptait plus ses pas
Sur ce long sentier du tracas

Pourtant plus il marchait
Plus le ciel se dégageait...
Le soleil changeait son inquiétude
Et se transformait en certitudes

Il semblait au bout de la route,
Mais le ciel se riait de ses doutes !
Pourtant la nuit est revenue,
Et l'opportunité est disparue...

« .... »

J'ai voulu regarder mon ciel
Et son horizon trop partiel...
Mais j'ai réduit mes espoirs,
En les limitant à mon vouloir....

L'amour n'est pas un mythe,
Et l'"amour n'a pas de limite,
Il ne se mesure pas
Il ne se contient pas

Il s'exprime au fond de tes yeux,
Et s'imprime en ciel merveilleux
Je ne veux plus limiter ma vie
Et la contenir en simple survie

Tout ce que j'ai inventé,
Je dois pouvoir l'effacer,
Plus de rêves trop étriqués,
Plus de vouloirs trop compliqués,

Je veux me laisser porter,
Et penser juste t'aimer
Regarder tes yeux briller,
Et laisser l'amour s'exprimer...

« .... »

Le vrai soleil de cet été,
Est bleu, comme l'éternité...
Bleu comme l'iris de tes yeux,
Bleu comme le merveilleux

Peux être que tout n'est pas bleu,
Et qu'il y a aussi du rose amoureux
Ma réalité se teinte en rose éclatant,
Quand ton corps se fait envoûtant !

Et le rose devient rouge sexué,
Ce rouge des ébats passionnés...
Les corps alors enfin fusionnent,
Et battent d'un rouge qui bouillonne.

Puis vient l'écume de la délivrance,
Couleur du blanc de la jouissance...
Un blanc qui se repend en toi
Un blanc couleur toi et moi...

Mais bleu, rose, rouge, blanc...
Rien n'est vraiment important
Sans l'arc en ciel de ton bonheur

Celui qui relie réalité et ailleurs !

M'éveiller tout près de ton cœur,
Sentir ta peau et sa chaleur
Écouter ton souffle jusqu'au matin
Vivre mes rêves en tenant ta main...

« .... »

Quel est ce chemin ?
Qui ne mène à rien...
Quelle est cette route ?
Toute proche de la déroute....

J'ai cru marcher,
Et y arriver.
Puis las, j'ai abandonné,
Trop tard pour recommencer...

La vie se démène,
Et moi je me promène.
Je prends le temps à contre-temps,
Et le présent en courts moments

Bien des voies se présentent,
Violentes ou innocentes,
Mais les routes de l'inutile,
Croisent les chemins du futile...

« ... »

La douceur de la souffrance
Est une douleur d'espérance.
On a besoin de se regarder,
Mais aussi parfois de se torturer.

Avoir mal jusqu'à crier,
Pour pleurer et supplier.
Le silence du bonheur,
Nait des larmes de l'horreur...

La vie est comme une lame,
Qui tranche le tréfonds de l'âme
Une sorte de grand coup bas,
Qui frappe où ça ne va pas...

« ... »

Le silence de la mort,
Est un choix sans effort.
On arrête juste tout comme ça,
Et on s'en va sans autres tracas

Le bruit que fait la vie
Est d'une violence infinie,
Il hurle toute sa douleur
Et refuse le simple bonheur...

L'homme qui s'est battu
Ne peux être que vaincu
Il ne peut que retarder l'échéance,
Avant sa propre déchéance.

« .... »

On n'achète pas les souvenirs,
On ne vend pas les sourires.
On les donne en bouquets,
Pour effacer les regrets.

Le ciel est plus coloré,
Quand on sait aimer...
Mais l'horizon peux se masquer
Dans le brouillard du passé.

Le soleil fini par se coucher,
Et l'ombre aussi se révéler...
La vie est un court passage,
Loin de tous les paysages.

« .... »

T'imaginer était un rêve éveillé,
Celui d'espérer te rencontrer,
T'imaginer à tout chamboulé,
Et ma vie, ce jour-là, a basculé...

Te regarder, voir ton visage,
A travers cette première image,
A été une merveilleuse révélation,
Le miroir évident d'une future passion...

Te toucher va devenir une réalité
Celle que je ne pourrai plus renier,
Te serrer enfin dans mes bras impatients,
Toucher du bout des doigts, le sentiment.

T'embrasser ne sera que la continuité,
Celle de l'éternité de tes baisers,
Sentir tes lèvres m'effleurer,
Et les miennes enfin leur confier

Te faire l'amour sera ce chaos
Qui brûlera toute notre peau
Un enfer devenu paradis
Où on savoura la vie... Notre vie

« .... »

Passer par une porte dérobée,
Fuir cette époque troublée,
Et pouvoir se laisser submerger,
Par le frisson de la réalité

Ne plus craindre le futur,
Aimer cet avenir plus sûr
Développer tous les moyens
Pour que tu te sentes bien

Retrouver l'immortalité
De l'éternelle vérité
Et construire une apogée
D'ivresses appropriées

Faire vivre les souvenirs
Recréer de beaux sourires
Et savoir vraiment apprécier
Ce que la vie peut donner

Prendre une porte dérobée
Pour une vie exacerbée
Et se laisser croire à nouveau
À tout ce qui est plus beau

« .... »

Au bord de la rivière
Qui mène aux sablières
Se repose un très vieux saule,
Un peu tordu, presque drôle.

On le dit pleureur
Moi je le trouve rieur
Il existe et s'épanouit
Et sans regret il survit

Mais lui il avait compris,
Que toute vie avait un prix
Un jour arrive l'addition
Et la pelle de démolition

Il est juste tombé
Mais fier et équilibré
Il avait connu l'amour
Pour lui presque toujours

L'homme l'a abattu
Et puis a disparu
Les feuilles de l'arbre tombaient
Et cela l'indisposait

On méprise trop la vie,
Et de la différence on ne se soucie
On se croit plus fort
Et souvent on a tort

Le vieil arbre est tombé,
Et l'homme l'a emporté,
Puis un jour il a regretté
De l'avoir coupé

Moi je veux juste t'aimer
Je veux juste exister
Pas pour pleurer
Mais pour te chavirer

Je veux tournoyer
Et encore te charmer
De toi m'enivrer
Et ne rien regretter

« ... »

La liberté est un concept
L'égoïsme parfois un précepte,
On est libre dans le respect,
Pas dans le soi et l'irrespect...

On mélange les contextes,
Pour donner un monde complexe.
On croit à l'improbable,
Pour nous sauver du probable...

Mais on oublie bien souvent,
Que tout n'est pas qu'un moment,
Que les autres existent vraiment,
Et pas que les nous seulement...

« ... »

Rêver donne l'évocation,
Aimer donne la raison,
Toucher donne l'émotion,
Caresser donne la passion.

On créé tout l'infiniment,
En partageant le tendrement
Et on secoue le patiemment
En s'aimant passionnément

Apprenons l'ensemble maintenant,
Pour lui donner l'éternellement
Et ouvrons la porte au sentiment,
Pour sublimer notre présent

« ... »

On perd son temps,
A chercher le bon moment.
Pourtant si on savait seulement
Tout ce qu'on attend vraiment...

On croit que le but est notre destination,
Et nous ne nous posons aucune question.
On file tête baissée
Vers notre destinée...

Posons un peu nos réflexions
Vers autre chose que l'ambition.
Écoutons notre cœur,
Nous évitera des erreurs

« ... »

Parfois, une petite douleur sournoise apparaît,
Nous rappelant que la jeunesse elle, disparaît.
Le temps d'un autre temps,
Qui dure trop peu de temps...

Ainsi s'enfuit doucement notre vie,
Faisant place à la nostalgie...
Disparues toutes nos folies,
Dans une profonde mélancolie...

Il ne reste que les souvenirs,
Témoins de mille autres désirs,
Le ciel s'assombrit de soupirs,
Ainsi s'éloignent tous nos plaisirs

« ... »

Quand l'écume abreuve la plage,
Et que la vague lui rend hommage,
Le sable retourne alors aux flots,
Immergé par tout ce chaos.

La mer avance sans appel,
Et s'empare de nos citadelles
Rien n'arrête son élan
Elle file, droit devant

La force de la mer est irréelle,
Puissante et tellement belle
L'amour a cette force aussi,
Et enfonce toute notre vie.

« ... »

L'enfant écoute son cœur,
Pour distribuer tout son bonheur.
Il n'écoute aucune voix,
Et décline tous les parfois

Il offre son sourire naturel
Et son amour est éternel,
Il vit ce propre instant,
Magique et envoûtant

Mais il ne se pose nulle question,
Il donne toute son émotion
L'enfant saura toujours sourire,
Applaudir et même aussi rire...

« ... »

J'ai tenu la main de la mort,
Écouter les dires du remord,
J'ai vu des yeux se clore,
Des dieux qu'on implore.

J'ai écouté la complainte,
De la souffrance contrainte
J'ai vécu ce peu connu,
De la peur du disparu

Des hommes inconnus,
Au bout de leur vécu
Qui serraient ma main
En disant adieu à demain....

« ... »

Si on se réveillait,
Est ce qu'on se perdrait ?
Si on s'écoutait,
Est ce qu'on en mourrait ?

La vie au fond existe t'elle,
Où sommes-nous un songe éternel ?
Est-ce que je touche le bout,
Où suis-je juste fou ?

J'attends des réponses
A tout ce qu'on dénonce
Et je vis ce mensonge
D'une nuit qu'on prolonge

« ... »

Le charme de l'infini,
Est une poussière de vie
L'éclosion de mille étoiles,
Que l'instant nous dévoile...

Rien n'existe que le temps,
Dans la galaxie du moment,
Mais elle nait de la lumière
Et meure en millier de millénaires...

Grains de sable du subliminal,
La vie y est infinitésimal...
Et l'homme, un simple instant,
Qu'on oubliera très vite pourtant

« ... »

On s'oublie bien trop souvent,
Et quand le temps n'a plus de temps,
On regrette tous les avant,
Qu'on aurait pu vivre autrement...

Moi la nuit parfois je pleure
En repensant à mes erreurs
Mais le trop tard est venu,
Prendre ce que j'aurais pu...

Pourquoi faut-il souffrir
Jusqu'au moment de mourir
N'y existe il aucune solution
Pour détruire toute émotion ?

Alors toi si tu es jeune,
Fais le... Rêve
Trop réfléchir
C'est se détruire

« ... »

J'ai fait un rêve enfantin,
Celui d'humains qui se tenaient la main.
Puis je me suis réveillé,
Et j'ai allumé la télé

J'ai compris que rien n'avait de sens,
Que l'amour n'était plus innocence
Sur le plateau télé, on hurlait
Et les cris se multipliaient

Tout le monde avait la solution,
La réponse à toutes les questions,
Alors j'ai regardé au coin de ma rue,
Mais la misère n'était pas disparue

« ... »

Le charme est plus important que la beauté,
Parce qu'il est capable de nous envoûter
On regarde ce qui est beau évidemment...
Mais on admire le charme réellement

La beauté passe, trépasse
Le charme, jamais ne se remplace
On arrange la beauté
Le charme lui est inné...

La beauté est parfois une caricature,
Quand le charme lui perdure...
La beauté s'achète aussi,
Le charme... pas lui...

« ... »

Aimer c'est tout donner,
Mais avec passion et vérité,
Aimer c'est donner et partager,
Mais sans jamais rien devoir cacher.

L'amour est tellement magique,
Qu'il ne peut être qu'unique...
L'amour n'est pas une opportunité,
Mais un échange de sincérité

L'amour n'est pas qu'un pacte,
Mais le résultat de tous nos actes,
L'amour c'est le vraiment,
Qui précédé l'intensément...

« ... »

Le chagrin est un tableau,
Qu'on se peint sur sa peau.
Ses contours sont nos erreurs
Et le remord est sa couleur

Il faut le recouvrir de câlins
Et le gommer chaque matin,
Le chagrin n'est pas beau...
N'affichons plus son fardeau !

Essayons de peindre l'insolence,
Avec les teintes de l'indécence
Laissons graver la liberté
L'amour et l'amitié

« ... »

L'amour c'est l'association de sensibilités,
Le mariage de l'opposition de personnalités...
L'amour c'est la révélation,
Qui porte toutes nos émotions...

L'amour, on le connaît seulement
Quand on ne le connaît plus vraiment,
Il vient alors d'autres horizons,
Qu'on croise aussi par tentation...

L'amour est sûrement fugace,
Parfois aussi il agace...
Mais il est bon comme un grand cru,
Qu'on savoure, quand on l'a connu...

« ... »

Les histoires s'écrivent en bleu,
Le destin de tous les amoureux,
Le bleu, comme la ligne d'horizon,
Comme le ciel de notre passion...

Les contes écrits en trop roses,
Sont des demains souvent moroses,
Ceux composés de noir
N'ont, eux, aucun espoir...

Restons au bleu plus ambitieux,
Et finissons nos rêves délicieux,
Chassons tous les faux bleus
Qui nous cachent le merveilleux

« ... »

Je ne suis plus ce que tu veux,
Plus cette allumette ou ton feu
Je ne suis qu'un torturé
Fatigué et méprisé

Mais je sais enfin,
Que je ne suis rien,
Et je veux enfin
Être ton destin...

On peut être constructifs,
Mais je dois cesser d'être destructif,
Je veux et je me promets à toi,
Mais je ne veux plus être ta croix

« ... »

Je déteste la vie sous menaces,
D'où ça vienne, ça m'agace...
On ne me contraint pas,
On ne m'oblige pas...

Ma vie s'appelle liberté,
Et c'est ma seule réalité...
La décision est mienne,
Nul doute qui me retienne...

Ni haine, ni regrets,
Ni les pleurs, ni les secrets
Ni même l'amour ou la passion,
Je vis, je fais, libre, jusqu'à la destruction.

Est-ce être égoïste que d'être soi,
Dois-je laisser penser pour moi ?
Celui qui vole ma volonté,
Je ne le laisserai pas décider...

« ... »

J'arrivais tout près du trou,
Quand j'ai rencontré l'amour fou,
Il m'a regardé puis m'a interpellé
"Attend ! Viens, on va parler."

J'étais d'abord un peu surpris,
Et je l'ai toisé avec mépris !
"Que crois-tu donc m'apporter ?
Rien qui ne vaut la peine d'essayer !"

L'amour était d'une étonnante beauté.
Je l'ai regardé et j'ai pleuré
" Laisses le vide m'engloutir !
" Mais pourquoi veux-tu en finir ? *

J'aurais pu lui donner mille raisons,
Pour répondre à sa seule question
Mais je n'ai trouvé qu'une évidence
Pour répondre à sa pertinence

" je suis seul et trop malheureux !
Alors suis moi et sois amoureux ! "

L'amour semblait si merveilleux,
Que j'ai cru pouvoir être heureux

" Emporte moi et fais-moi sourire !
Sourire ? Mais avec moi, tu vas rire !
Arrête de voir trop petit !
Donne-moi ton cœur et ton esprit ! "

L'amour m'a apporté l'émotion,
L'envie et les frissons.
"Viens, suis-nous !
Vit et sois de nous fou !"

Je me suis retourné,
Et j'ai accepté...
J'ai tendu ma main,
Et ils m'ont porté vers demain "

« ... »

Le regard fixe, certes perdu,
L'homme regarde ce qu'il a vécu
La bouche close en rictus méconnu,
L'homme regarde ce qu'il a perdu...

Le temps qu'il n'a plus,
Celui qu'il aurait voulu,
A cette fois disparu,
Il l'a fui et l'a vaincu...

Le guerrier inconnu,
Celui qui s'était battu,
N'aura pas survécu,
Et son destin ne sera plus...

« ... »

Parfois on écoute bruisser le vent,
Parfois on écoute chanter le temps,
On perçoit alors l'écho des mots,
A travers le son des doux propos...

Parfois on regarde voler les rêves,
Et s'envoler ceux qu'on achève...
Ils s'éloignent vers l'horizon,
Et emportent nos illusions...

On sent le parfum de l'infini,
Quand le charme lui s'enfuit
Et on ressent celui de l'ennui,
Quand il gâche toute notre vie...

On s'enivre d'un goût édulcoré
Celui de l'alcool de la volupté
Un goût tellement particulier,
Qu'on ne peut que l'apprécier...

« ... »

Dans un cimetière au blanc immaculé,
J'ai cherché mon éternité,
J'ai regardé dans la mort,
Une solution à mes remords
Mais je n'ai rien trouvé...

J'ai regardé au fond du miroir,
Mon âme était vraiment noir,
Alors j'ai brisé le verre
Et regarde les éclats à terre,
Mais je n'ai rien trouvé...

J'ai allumé des cierges à la vérité,
En croyant à toute sa sincérité.
Mais la flamme s'est éteinte bien vite,
Et a soufflé tout ce que j'évite
Je ne l'ai jamais rallumée...

Alors j'ai voulu enfouir ma vie,
Et vraiment croire à la survie,
Puis enfin la lumière,
J'ai trouvé la poésie,
Et ma douleur était finie.

« ... »

Le sang pur de l'indulgence,
Vient du cœur de la tolérance.
Il oxygène de sa cohérence,
Nos visages d'indifférences...

Les regards filtrent nos rêves déçus,
Avec les larmes de destins méconnus.
On revêt le masque de l'inconnu,
Pour cacher notre mal vécu...

Et nos pieds nous portent sans but,
Jusqu'à ce qu'une autre vie débute
Il faut alors digérer nos erreurs,
Pour assimiler toutes nos douleurs

« ... »

C'est en arpentant mon désert,
Celui d'une terre de misère,
Que j'ai retrouvé mon espoir,
Celui d'une vie à laquelle croire...

Il était là comme ça,
Mais je ne voyais pas
Il émergeait, par-là,
Et je n'y croyais pas...

Je voulais juste le cueillir,
Et ne pas le laisser mourir,
Mais il m'a alors parlé,
Et m'a demandé de le laisser.

Il devait se reproduire,
Et pouvoir tout recouvrir,
L'espoir doit beaucoup fleurir,
Pour recouvrir tout notre avenir

« ... »

Le souffle de la poésie
Résonne comme un cri,
Je l'entends qui me dit,
Écrit aujourd'hui !

C'est comme un esprit,
Qui parfois me détruit...
Il s'immisce en moi,
Et bouscule tous mes choix...

J'aimerais parfois qu'il me quitte...
Pour regarder ce monde qui palpite
Sans chercher,
A faire rimer...

« ... »

Ils riaient d'elle et de son image
Des quelques ratés de son maquillage
Et pourtant ils l'emmenaient à l'étage
Même quand les larmes déformaient son visage.

Pauvre môme de la prostitution,
Personne ne lui prêtait attention,
Elle devait toujours avoir le sourire,
Se donner, donner et même souffrir.

Hier, elle avait eu tout juste douze ans
Mais personne ne s'en soucie vraiment
Aujourd'hui elle ne croit plus en rien,
Plus en ces clowns qui lui veulent du bien...

Douze ans... et combien sur ce lit immonde,
Combien de soupirs de ce triste monde
Combien d'hommes sales sont venus,
Mais on trop lentement disparus...

Le matin venu, elle réchauffe son café,
Pour cet homme pas même lavé,
Il dépose alors un peu d'argent
Et se rhabille presque fièrement

Ce soir ce sera peux être mieux
Peux être sera-t-il plus généreux
Elle ne sait pas encore qui viendra,
Mais elle déjà ce qu'elle subira...

Elle boit un peu de café,
Celui qu'on a bien voulu laisser,
Puis elle lave cette jupe qu'ils adorent,
Ces semblants d'hommes, tous ces porcs...

Elle a maintenant douze ans,
Et elle aussi s'en fou pourtant...

« ... »

Je regardais ces vielles photos,
Comme le plus beau des tableaux
Je laissais s'ancrer leurs souvenirs
Attendri par chaque sourire

Les portraits un peu vieillots,
De gens partis, toujours trop tôt.
Ceux qu'on a juste croisés
Et dont on m'a tant raconté...

La tatie Simone qui cuisinait,
Le tonton Marcel qui lui buvait...
La cousine Corinne que j'aimais
Et avec qui je me cachais...

Je tournais toutes les pages
M'imprégnant de chaque image
Me souvenant de chaque visage,
C'était vraiment... un beau voyage !

« ... »

Le temps d'une éternité,
Tu m'as donné ce baiser.
Cet instant de volupté,
Que toi seule pouvait déposer

Le temps de ce moment,
Était si étonnant,
Que je ne sais même plus comment,
C'était vraiment avant

J'ai n'ai pas pu me détacher
De ce si délicieux baiser
Et je suis resté collé,
Jusqu'à en être épuisé.

« ... »

Tu étais nue sous la pluie,
Te moquant de l'innocence disparue.
Les gouttes ruisselaient sur ta peau
Et tu riais de ces frissons nouveaux.

Tu dansais, tournais, respirais,
Et le bonheur te caressait
Plus un seul tabou,
Juste l'ivresse des fous ...

Les nuages devenaient compagnons,
L'eau une simple illusion
Tes yeux étaient le ciel
Tes lèvres un arc en ciel.

« ... »

Le silence de chaque cri,
Est un bonheur parti
Plus assez de bruit,
Pour compenser ton infini

Tous ces rêves brisés
Ces moments déchirés
Je veux te retrouver
Et vers toi me reposer

Je veux retrouver ton bruit,
Ceux d'un amour accompli
Je veux réécrire cette mélodie
Que tu as joué dans ma vie

« ... »

J'ai regardé ma vie s'envoler,
Et je n'ai pas su la rattraper
Je me suis alors mis à espérer
Que j'allais pouvoir la retrouver...

Mais trop vite, tout a défilé,
Et les années ont passés.
C'est là que j'ai compris,
Que j'avais raté ma vie.

Le temps est presque indécent,
Il pille tous vos moments,
Et ne donne d'autres contreparties
Que regret et nostalgie

« ... »

Je ne peux oublier de t'aimer,
Ce serait oublier de respirer.
Quand j'ai croisé ton chemin,
J'ai choisi mon propre destin.

Le temps des mots de toi,
L'espace des couleurs à toi,
Le ciel parfois changeant de toi,
Et l'absence de chaque pourquoi.

Tu as créé un autre monde,
Sans mensonge immonde...
Et tu tiens mon cœur d'une main,
Et ma vie de l'autre main...

« ... »

La solitude du présent,
N'est parfois qu'un court moment,
Peux être une pincée de si seulement,
Et une touche de probablement,
Et là, tout devient autrement....

Un sourire caché dans un coin,
Qu'on retrouve au petit matin,
Des draps froissés,
Et deux corps fatigués
Voilà que le moment a changé...

Un baiser partagé,
Un café échangé,
Des regards croisés,
Une certaine complicité,
Et le probablement a gagné

Une danse, une mélodie,
Le rythme d'une batterie...
Une chanson qui nous porte,
Des notes qui nous transportent
Voilà ce que l'autrement nous apporte.

« ... »

Je veux choisir ma vie,
Trop riche ou démunie...
Je veux décider de mon destin,
Futile, utile ou en câlins.

J'en paierai le prix qu'il faudra,
Quand le glas pour moi sonnera
Mais d'ici là c'est moi qui la vis,
Et qu'importe qui me punit...

Je ne nourrirai pas les regrets,
Et je serai ce qui me plaît !
Je ne serai jamais une larme,
Et je trépasserai sans autre drame

L'abus, l'excès sont des évasions,
La raison juste une privation
Alors je ne compte plus les années,
Celles à venir ou celles passées

« ... »

J'ai balayé toute ma sincérité,
Jusqu'aux poussières de la vérité.
J'ai lavé les tâches de mes erreurs,
Pour révéler l'éclat du bonheur.

J'ai frotté le sol des impuretés,
Pour effacer son obscurité...
J'ai peint les fenêtres du passé,
D'un blanc presque immaculé...

Puis je me suis enfin assis,
Pour voir tout l'accomplit
Et j'ai pleuré devant l'inachevé,
Que je ne pourrais plus réaliser...

« ... »

Cette vie qu'on emprunte un temps,
Se donne en mille moments...
Chacun d'eux est fait d'instants,
De doutes et de pourtant...

Trop de questions à poser,
Pour savoir quand s'arrêter...
Pourquoi ne pas juste savourer,
Tous ces sourires à partager...

Qu'importe la couleur,
Si on a le bonheur...
Et pourquoi attendre ces demains,
Qu'on a déjà entre nos mains...

« ... »

J'ai vu les teintes s'assembler
Et le tableau lentement se créer.
J'ai vu les formes se dessiner,
Et les visages enfin se former...

J'ai utilisé le pinceau,
J'ai aussi essayé le ciseau,
J'ai mélanger le bleu
Pour peindre le mot heureux

J'ai sculpté des mouvements,
Pour célébrer les moments
Puis j'ai bien regardé,
Et j'ai tout recommencer

« ... »

Le chagrin est ce voleur,
Qui dérobe notre bonheur.
Il s'habille parfois de perversion,
Pour tromper notre attention...

Le chagrin est cet assassin,
Qui vous croise un matin,
Et qui tue vos ambitions,
Pour nourrir ses addictions...

Le chagrin nait des rêves avortés,
Qu'on aurait tous voulu réaliser...
Cet enfant de la détresse,
Grandit sans aucune tendresse.

Le chagrin c'est une colère,
Qui se couche dans sa misère,
Et qui se veut séduisante,
Pour être juste envoûtante...

« ... »

Je crois en l'amitié,
Et sa belle humanité....
Je crois à sa facilité,
Si on sait la mériter

Je crois à un destin,
Qui vous croise un matin,
Et vous prend par la main,
Pour porter vos demains.

Je crois en l'amour,
Saltimbanque d'un jour,
Qui joue avec humour,
Ce que le cœur savoure...

Je crois en la chance,
Et son importance...
A sa toute-puissance,
Sur notre impuissance

Suis-je vraiment naïf ?

« ... »

Les histoires s'arrêtent souvent,
Quand plus rien n'est comme avant.
Et les couples se déchirent,
Quand plus rien ne les attire.

Il y a toujours l'instant de trop,
Celui où renaissent les seuls égos,
On ne peut pas toujours s'affronter,
Et certains destins doivent se diluer.

Il y a toujours un miroir,
Où se reflète une tour d'ivoire.
Toujours une autre histoire,
Un changement auquel croire.

Et dans l'histoire du désespoir,
S'ouvre la page des faux espoirs
Et les chapitres se raccourcissent,
Quand les raisons elles dépérissent.

« ... »

La vie est toujours un roman,
Sans doute le plus captivant,
Sûrement le plus enivrant
Certainement le plus envoûtant

La vie s'écrit de pages
Certaines très sages,
D'autres moins sages
Mais en souvenirs et en images

Témoigner de son passé,
C'est laisser à la postérité
La réalité de ce qui s'est passé
Et les souvenirs qu'on veut laisser

« ... »

La longueur d'un rêve plaisant,
Se calcule à la hauteur du passionnant,
On y ajoute un rayon du foisonnant,
Et on retranche le déplaisant,
Normalement... c'est suffisant !

La cuisine du vrai bonheur,
A besoin de beaucoup de beurre,
Il faut bien le tartiner,
Et cent rires, ajouter...

Incorporer le rêve ou bonheur,
Et apporter une touche de cœur
Mélanger, tout va se colorer.
Un peu d'amour et tout peut arriver.

« ... »

Les mots nous offrent ce qu'ils ont de plus beaux
Ils sont l'ivresse de jours nouveaux
Les mots sont l'alcool du renouveau
Et la promesse de beaux cadeaux...

Les mots sont l'évasion,
D'un monde d'inéquation
Ils portent l'espoir,
Et la force de croire.

Je veux goûter le plaisir,
Des mots du désir
Et m'enivrer de l'illusion,
De trouver toute solution...